Garen im Päckchen

AUTORIN: DAGMAR REICHEL | FOTOS: JÖRN RYNIO

Praxistipps

Extra

Rezepte

Gut verpackt ist gut gegart!

Das Verpackungseinmaleins beschreibt die verschiedenen Hüllen, in denen die Zutaten optimal geschützt sind. Und der Backofen bleibt auch sauber ...

Butterbrot- und Backpapier

Beides gibt es als Rolle oder bereits zugeschnitten in verschiedenen Größen. Für die Rezepte in diesem Buch bin ich von den Zuschnitten in den Maßen 38 bzw. 40 x 42 cm ausgegangen. Backpapier ist fest und beschichtet, so eignet es sich für feuchte Zutaten, und nichts bleibt daran haften. Nehmen Sie das dünnere Butterbrotpapier lieber doppelt, damit nichts durchweicht. Außerdem hält es nur Temperaturen bis 200° aus. Wichtig ist, die Päckchen dicht zu verschließen – mit Küchengarn, einem Tacker oder auch mal Büroklammern.

Alufolie

In ihr bleiben die Zutaten besonders saftig. Verwenden Sie möglichst reißfeste Folie – auch die sogenannte Gourmet-Alufolie mit Mulden-Struktur eignet sich. Da sich die Folie gut falten lässt und nicht nachgibt, kann man hier auf Tacker und Küchengarn verzichten.

Bananenblätter

Sie bekommt man frisch oder tiefgekühlt im Asienladen. Sie sehen hübsch aus und geben dem Gargut Aroma – sind aber nicht essbar. Kaufen Sie immer ein bisschen mehr, denn die Blätter reißen leicht. Das Blatt feucht abwischen, zurechtschneiden und mit einem Tacker, Zahnstochern oder der festen Mittelrippe, die Sie aus dem Blatt schneiden, verschließen. Ältere, spröde Blätter über der heißen Herdplatte oder der Gasflamme ganz kurz erwärmen (s. Seite 44), dann brechen sie nicht so leicht.

Bratschlauch

Vor dem Befüllen den Bratschlauch in passende Stücke schneiden und auf einer Seite mit einem der Packung beiliegenden Clip oder Band verschließen. Nun die Zutaten mit viel Luft hineingeben (Achtung, Nahtstelle nach oben!) und die andere Seite gut verschließen. Noch ein kleines Loch an der Oberseite einschneiden, damit die Hülle nicht platzt, wenn durch die Hitze Dampf entsteht – dann kann das Päckchen in den Ofen.

Teigblätter

Die essbare Alternative zu Folie, Papier & Co. Bei Blätterteig habe ich die rechteckige Variante aus dem Kühlregal verwendet. Für eine schöne Kruste bestreichen Sie die Oberfläche vor dem Backen mit einer Mischung aus Eigelb und 1 TL Wasser. Wan-Tan-Teigblätter bekommen Sie im Asienladen, meist tiefgefroren. Zum Auftauen deckt man sie am besten ab, nicht verwendete Blätter lassen sich einfach wieder einfrieren. Gefüllte Wan-Tans gelingen im Backofen, werden aber auch frittiert oder gedämpft. Die hauchdünnen Reispapierblätter gibt es ebenfalls im Asienladen; Päckchen aus ihnen werden gedämpft oder frittiert.

Salzmantel

Eine dichte Kruste aus Meersalz und Eiweiß hält den Inhalt ganz besonders saftig und zart. Je nach Dicke kann die Salzhülle sehr fest werden, dann kann es sein, dass man auch mal einen Hammer zum Aufklopfen zu Hilfe nehmen muss.

Papier

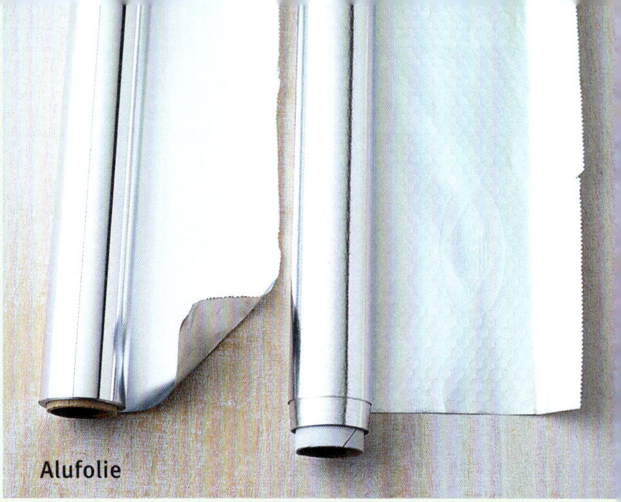
Alufolie

Bananenblatt

Bratschlauch

Blätterteig, Wan-Tan, Reispapier

Salzmantel

Päckchen aus Papier und Alufolie

Ohne viel Aufwand lassen sich aus allen genannten Papiersorten und Alufolie – ebenso wie aus Bananenblatt – im Nu Päckchen herstellen.

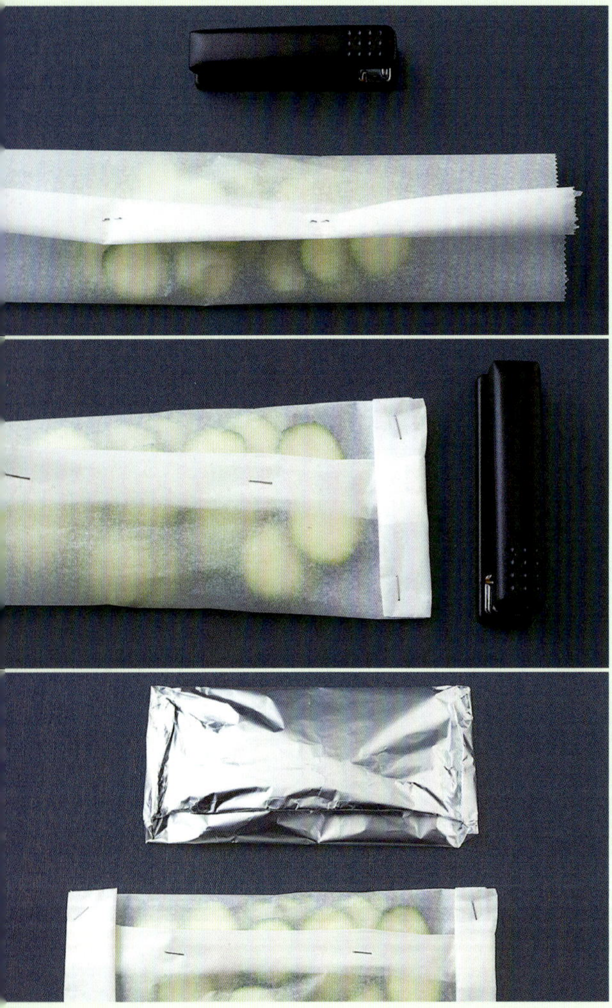

Füllen & Verschließen

Die Papierstücke einzeln auslegen, eventuell mit etwas Öl bepinseln und das Gargut mittig darauf verteilen. So bleibt an allen Seiten genug Platz zum Falten und Verschließen. Nun das Papier von zwei gegenüberliegenden Seiten über dem Inhalt zusammenführen und die Kanten mindestens zweimal in etwa 2 cm Breite nach innen falten. Dann den gefalteten Streifen mit einem Tacker mittig zweimal fixieren – auch Büroklammern halten das Papier gut zusammen.

Die Seiten ebenso verschließen

Dazu erst auf einer Seite das Papier mehrfach nach innen falten, bis knapp an das Gargut, und links und rechts mit einem Tacker oder mit Büroklammern fixieren. Mit der anderen Seite ebenso verfahren; so erhält man ein auslaufsicheres und aromadichtes Päckchen. Vom fertigen Päckchen auf dem Teller mit der Schere die zusammengetackerten Streifen abschneiden, so landen die Klammern garantiert nicht im Essen.

Päckchen aus Alufolie

Sie sind einfach und schnell gemacht. Da sich die Alufolie gut zusammendrücken und dadurch gleichzeitig fixieren lässt, benötigt man in der Regel keine weiteren Hilfsmittel zum Verschließen. Diese Päckchen sind besonders gut für Gerichte mit viel Flüssigkeit geeignet. Aus Alufolie lassen sich sowohl rechteckige Päckchen als auch Bonbons (s. Seite 7, unten) und Ähnliches falten.

Schachteln und Bonbons

Gargut mit mehr Flüssigkeit wie Risotto oder Kuchenteige brauchen eine spezielle Verpackung – mit dieser Anleitung lassen sich die Schachteln ganz einfach falten.

Papierschachtel

Ein quadratisches Stück Backpapier von zwei Seiten her in Dritteln falten und wieder öffnen. Nun sind auf dem Blatt neun kleine Quadrate markiert; das mittlere ergibt zum Schluss den Schachtelboden. Dann auf jeder Seite das äußere Papierdrittel bis zur ersten Linie nach innen umfalten.

Von allen Seiten

Zunächst zwei nebeneinander liegende, doppelt gefaltete Blattstücke nach oben klappen. Dabei stülpt sich das Eckstück nach außen; diese Lasche um die Ecke auf das bereits hochstehende Blattstück legen und festtackern. Mit den anderen beiden Seiten genauso verfahren. So entsteht eine stabile und auslaufsichere Schachtel, in die das Gargut eingefüllt werden kann.

Anders geht's auch

Mit einer weiteren Technik werden Päckchen schnell geschnürt und sehen auch noch hübsch aus. Dazu das Gargut mittig auf rechteckige Papier- oder Folienstücke legen. Zwei gegenüberliegende Seiten über dem Inhalt zusammenfalten und festkniffen (eventuell einmal mit dem Tacker fixieren). Die beiden noch offenen Seiten dann jeweils wie zu einem Bonbon zusammendrehen und ggf. mit Küchengarn fest verschnüren.

Vorspeisen & Snacks

Ob schlicht, schnell oder besonders – in diesem Kapitel finden Sie Kleinigkeiten für viele Gelegenheiten. Mal kommen die kleinen Wickelpakete im Veggie-Style daher, begeistern in bodenständigen und feinen Varianten oder überzeugen mit köstlichen Inhalten aus dem Meer. Überraschung ist in jedem Fall garantiert!

Feigen-Mozzarella-Säckchen

125 g Mozzarella
2 Feigen
je 1 EL Tomatenmark und Honig
Salz
Chilipulver (nach Belieben)
1 Packung rechteckiger Blätterteig
(275 g; Kühlregal)
1 Eigelb
Feigensenf zum Servieren (nach Belieben)

Für 4 Personen
15 Min. Zubereitung | 20 Min. Garen
Pro Portion ca. 205 kcal, 5 g EW, 14 g F, 16 g KH

1 Den Backofen auf 200° vorheizen, ein Backblech mit Backpapier belegen. Den Mozzarella in kleine Würfel schneiden. Die Feigen waschen, vom Strunk befreien und würfeln. Beides mit Tomatenmark, Honig, Salz und Chilipulver nach Belieben mischen.

2 Den Blätterteig entrollen und in acht Quadrate schneiden. Die Feigenfüllung mittig darauf verteilen und die Teigenden über der Füllung zusammenführen. Die Teigstücke zu Säckchen zudrehen und auf das Backblech setzen. Das Eigelb verquirlen, die Säckchen damit bestreichen und im Ofen (Mitte, Umluft 180°) in 15–20 Min. goldbraun backen. Wer mag, serviert zu den Säckchen Feigensenf.

VARIANTE – MIT SCHIMMELKÄSE

Diese fruchtig-scharfen Beutelchen bekommen noch einen etwas intensiveren Geschmack mit einem kräftigen Blauschimmelkäse wie Roquefort oder Gorgonzola. Verwenden Sie dann statt Mozzarella dieselbe Menge des gewünschten Käses.

vegetarisch

Gemüsepäckchen mit Kräutersauce

Diese vegetarischen Rundum-Sorglos-Päckchen sind kinderleicht gemacht, besonders gut vorzubereiten und bieten viel Abwechslung im turbulenten Alltag.

1 große Aubergine
Salz | Pfeffer
200 g Cocktailtomaten
1 rote Zwiebel
4 getrocknete, in Öl eingelegte Tomaten
300 g Austernpilze | 4 EL Zitronensaft
½ TL edelsüßes Paprikapulver
4 Papierstücke (s. Seite 4) | Küchengarn
Für die Kräutersauce:
1 Knoblauchzehe
1 Bund gemischte Kräuter (z. B. Basilikum, Petersilie und Koriandergrün)
2 EL Kapern
4 EL Olivenöl | 1 TL scharfer Senf
Salz | Pfeffer

Für 4 Personen
35 Min. Zubereitung | 20 Min. Garen
Pro Portion ca. 150 kcal, 4 g EW, 11 g F, 6 g KH

1 Den Backofen auf 200° vorheizen. Die Aubergine waschen, putzen und grob würfeln. Mit 1 TL Salz und etwas Pfeffer in einer Schüssel mischen. Tomaten waschen. Zwiebel schälen, halbieren und in schmale Spalten schneiden. Die getrockneten Tomaten fein würfeln. Pilze putzen und längs in schmale Streifen schneiden.

2 Die Papierstücke auslegen. Die Auberginen leicht ausdrücken und mit dem restlichen Gemüse, 2 EL Zitronensaft, Paprikapulver und 2 EL Tomatenöl mischen. Das Gemüse mittig auf die Papierstücke verteilen. Die Papierenden jeweils über der Füllung zusammenführen, zu einem Säckchen zudrehen und mit Küchengarn fest verschließen. Die Papierspitzen, falls nötig, mit der Schere kürzen. Die Päckchen auf ein Backblech legen und im Ofen (Mitte, Umluft 180°) ca. 20 Min. garen.

3 Inzwischen für die Kräutersauce den Knoblauch schälen. Die Kräuter waschen, trocken schütteln und die Blättchen abzupfen. In einen Rührbecher geben und mit Knoblauch, Kapern, 2 EL Zitronensaft, Öl und Senf mit einem Stabmixer fein pürieren. Die Sauce mit Salz und Pfeffer würzen und zu den Gemüsepäckchen servieren.

UND DAZU?

Servieren Sie dazu am besten ein frisches Fladenbrot, Reis oder Salzkartoffeln. So werden die Gemüsepäckchen zu einer vollwertigen Mahlzeit.

VARIANTE – MIT OLIVENSAUCE

Statt Kräutersauce passt zu diesem mediterran angehauchten Gericht auch eine Sauce aus Oliven und Joghurt. Dafür 2 EL Pinienkerne in einer Pfanne ohne Fett anrösten, bis sie duften, dann herausnehmen. 2 EL Oliventapenade (ersatzweise 4 EL entsteinte schwarze Oliven mit 1 EL Olivenöl fein pürieren) mit 50 g Frischkäse glatt rühren und 150 g Naturjoghurt untermischen. Die Pinienkerne und einige Blättchen Thymian fein hacken und ebenfalls unterrühren. Mit Salz und Pfeffer würzen.

asiatisch

Veggie-Röllchen

je 2 Stängel Koriandergrün und Minze
50 g Mungobohnensprossen
250 g Möhren
100 g Tofu
1 Stück Ingwer (ca. 2 cm)
½ TL Currypulver
2 EL Sesamsamen
20 Reispapierblätter (16 cm Ø; Asienladen)
3 EL Öl

Für 20 Stück | 40 Min. Zubereitung
Pro Stück ca. 55 kcal, 1 g EW, 2 g F, 7 g KH

1 Für die Füllung die Kräuter waschen und trocken schütteln, die Blättchen abzupfen und fein hacken. Die Sprossen waschen, abtrocknen und grob zerkleinern. Die Möhren schälen und grob raspeln. Den Tofu klein würfeln, den Ingwer schälen und fein reiben. Tofu, Ingwer, Sprossen und Möhren mit Kräutern, Currypulver und Sesamsamen mischen.

2 Jeweils 2–3 Reispapierblätter kurz in kaltes Wasser legen, damit sie biegsam werden. Dann die Reisblätter einzeln auf einem Küchentuch ausbreiten, jeweils ca. 1 EL Gemüsefüllung auf die untere Hälfte eines Blatts legen und die untere Seite darüberklappen. Dann die Seiten links und rechts darüberfalten und das Ganze möglichst fest zu einer Rolle aufrollen. Die fertigen Röllchen mit der Nahtstelle nach unten auf einen Teller legen.

3 Das Öl in einer Pfanne erhitzen und die Röllchen darin portionsweise von jeder Seite in ca. 2 Min. goldbraun braten. Fertige Röllchen warm halten.

cremig

Ofenkartoffeln de luxe

8 festkochende Kartoffeln (je etwa 150 g)
150 g Schmand
2 TL Basilikumpesto
Salz | Pfeffer
4 Stück Alufolie (ca. 30 x 40 cm)
Öl für die Folie

Für 4 Personen
5 Min. Zubereitung | 45 Min. Garen
Pro Portion ca. 230 kcal, 4 g EW, 12 g F, 25 g KH

1 Den Backofen auf 180° vorheizen. Die Folien ausbreiten und mit etwas Öl bepinseln. Die Kartoffeln waschen und kreuzweise ein-, aber nicht durchschneiden. (Je nach Größe der Kartoffeln auch mehrmals einschneiden.) Den Schmand mit dem Pesto glatt rühren und mit Salz und Pfeffer würzen.

2 Je 2 Kartoffeln auf ein Folienstück legen und den Schmand in die Öffnungen verteilen. Die Folien über den Kartoffeln gut verschließen. Die Päckchen auf ein Backblech setzen und im Ofen (Mitte, Umluft 160°) ca. 45 Min. garen.

3 Die Folienpäckchen auf Teller verteilen. Zum Essen öffnen und die Kartoffeln direkt aus der Folie essen. Oder einzeln auf Teller setzen.

UND DAZU?

Dazu schmecken geräucherte Forellenfilets, Stremellachs oder auch roher Schinken in dünnen Scheiben.

oben: Veggie-Röllchen | unten: Ofenkartoffeln de luxe

asiatisch

Fischröllchen

1 Möhre | 1 Stück Ingwer (1–2 cm)
1 EL Sojasauce
500 g Schollenfilets
Salz | Pfeffer
300 ml Gemüsebrühe
1 Stängel Zitronengras
2 Bananenblätter

Für 4 Personen | 1 Std. Zubereitung
Pro Portion ca. 125 kcal, 23 g EW, 3 g F, 2 g KH

1 Möhre und Ingwer schälen, fein reiben und gut mit Sojasauce mischen. Die Schollenfilets kalt abbrausen, trocken tupfen und längs halbieren. Die Filets salzen und pfeffern, die Möhrenpaste darauf verstreichen und die Filets aufrollen.

2 Eine Tasse in den Wok oder einen breiten Topf stellen. Die Brühe im Wok oder Topf erhitzen. Das Zitronengras mit einem breiten Messer anquetschen, in ca. 2 cm lange Stücke schneiden und zur Brühe geben. Die Brühe zugedeckt köcheln lassen.

3 Die Bananenblätter mit einem feuchten Tuch abwischen. Aus den Blättern acht ca. 20 x 30 cm große Stücke schneiden. Je zwei Blätter übereinanderlegen und 2–3 Fischröllchen darauflegen. Für jedes Päckchen zwei Seiten über den Röllchen mehrmals umfalten und mit einem Tacker fixieren. Die beiden anderen Seiten ebenfalls jeweils mehrmals falten und an den Ecken tackern.

4 Einen Dämpfeinsatz oder flachen Teller auf die Tasse im Wok oder Topf setzen, die Bananenpäckchen hineinlegen und zugedeckt über dem heißen Dampf bei mittlerer Hitze ca. 15 Min. garen.

fruchtig und edel

Entenbrust mit Obstsalat

2 Entenbrüste mit Haut (à ca. 300 g)
Salz | Pfeffer | 2 ½ Orangen (davon ½ Bio)
1 EL Öl | 400 g Aprikosen
1 Chilischote (nach Belieben)
1 Frühlingszwiebel
1 TL Grand Marnier (ersatzweise Orangensaft)
1 TL Apfelessig
2 Papierstücke (s. Seite 4)

Für 4 Personen | 30 Min. Zubereitung
Pro Portion ca. 330 kcal, 29 g EW, 18 g F, 11 g KH

1 Den Backofen auf 200° (Umluft 180°) vorheizen. Haut und Fettschicht der Entenbrüste (nicht das Fleisch) mit einem scharfen Messer kreuzweise einschneiden. Jede Entenbrust auf die Haut auf ein Papier legen, salzen und pfeffern.

2 Von der Bio-Orange die Schale abreiben, den Saft auspressen. Die Schale auf das Fleisch streuen. 2 EL Saft und das Öl mischen, auf das Fleisch träufeln. Die Päckchen schließen (s. Seite 6). Auf dem Backblech im Ofen (Mitte) ca. 15 Min. garen.

3 Aprikosen waschen, halbieren, entsteinen und in schmale Spalten schneiden. Von den 2 Orangen die Schale mit der weißen Haut abschneiden. Filets zwischen den Trennhäuten herauslösen, den Saft auffangen. Chili und Frühlingszwiebel waschen, putzen und sehr fein schneiden. Beides mit Aprikosen, Orangenfilets, Grand Marnier, Essig und 2 EL Orangensaft mischen. Auf vier Teller verteilen.

4 Fleisch aus den Päckchen nehmen, ca. 5 Min. ruhen lassen, in dünne Scheiben schneiden und auf dem Salat anrichten.

oben: Fischröllchen | unten: Entenbrust mit Obstsalat

kräuterfein

Pilz-Wan-Tans

40 TK-Wan-Tan-Teigblätter (ca. 9 x 9 cm) | 200 g Champignons | 100 g Shiitakepilze | ½ Bund Koriandergrün oder Petersilie | 2 Knoblauchzehen | 200 g saure Sahne | 2 EL Zitronensaft | 3–4 EL gehackte gemischte Kräuter | Salz | Pfeffer | ¾ l Öl zum Frittieren

Für 40 Stück | 35 Min. Zubereitung
Pro Stück ca. 55 kcal, 1 g EW, 3 g F, 6 g KH

1 Die Teigblätter auftauen lassen. Die Pilze putzen und sehr fein würfeln. Koriandergrün waschen, trocken schütteln, Blättchen fein hacken. Knoblauch schälen, hacken und alles mischen.

2 Jedes Teigblatt mit etwas Wasser bestreichen und mit je 1 TL Pilzfüllung belegen. Teig darüber verschließen (s. Seite 18). Das Öl in einem Topf erhitzen, bis an einem Holzstäbchen Bläschen aufsteigen. Darin die Wan-Tans portionsweise ca. 2 Min. frittieren. Für den Dip saure Sahne mit Zitronensaft, Kräutern, Salz und Pfeffer mischen.

raffiniert

Käse im Speckmantel

1 Packung rechteckiger Blätterteig (275 g; Kühlregal) | 150 g Käse am Stück (z. B. mittelalter Gouda oder Emmentaler) | 12 Scheiben roher Schinken | Harissapaste oder süßer Senf

Für 12 Stück
30 Min. Zubereitung | 20 Min. Garen
Pro Stück ca. 160 kcal, 9 g EW, 10 g F, 9 g KH

1 Den Backofen auf 200° vorheizen und ein Backblech mit Backpapier belegen. Den Blätterteig und den Käse in je 12 gleich große Stücke teilen, die Schinkenscheiben längs halbieren.

2 Für jedes Käsepäckchen 2 Schinkenscheiben mit etwas Harissa oder süßem Senf bestreichen, 1 Käsewürfel darin einrollen und in 1 Blätterteigstück wickeln. Lassen Sie hier Ihrer Fantasie freien Lauf und formen Sie den Teig zu Bonbons, Päckchen oder Stangen. Die Päckchen auf das Backblech legen und im Ofen (Mitte, Umluft 180°) in 15–20 Min. goldbraun backen.

würzig

Fisch auf Gurkengemüse

4 Seelachsfilets (à ca. 100 g) | Salz | Pfeffer | ½ Bund Dill | 1 Salatgurke | 2 EL Sahne | 100 g Speckwürfel | 4 Papierstücke (s. Seite 4) | Küchengarn

Für 4 Personen | 30 Min. Zubereitung
Pro Portion ca. 265 kcal, 21 g EW, 19 g F, 2 g KH

1 Den Backofen auf 180° (Umluft 160°) vorheizen. Die Seelachsfilets kalt abbrausen, trocken tupfen, salzen und pfeffern. Den Dill waschen, trocken schütteln und die Spitzen fein hacken. Die Gurke schälen, halbieren, entkernen und in schmale Halbringe schneiden. Gurke mit Dill und Sahne mischen.

2 Die Papiere auslegen, die Gurkenmischung mittig darauf verteilen. Je 1 Fischfilet darauflegen und mit den Speckwürfeln bestreuen. Die Papierecken jeweils über dem Fisch zusammennehmen und mit Küchengarn zubinden. Die Spitzen, falls nötig, mit der Schere kürzen. Die Päckchen auf ein Backblech setzen und im Ofen (Mitte) ca. 15 Min. garen.

edel & schlicht

Garnelenpäckchen

100 g Erbsen (frisch oder TK) | 250 g rohe, geschälte, entdarmte Riesengarnelen | 2 Knoblauchzehen | 1 Fleischtomate | Schale und Saft von ½ Bio-Zitrone | Salz | Pfeffer | 4 Stück Alufolie (ca. 30 x 30 cm) | Öl für die Folie

Für 4 Personen | 30 Min. Zubereitung
Pro Portion ca. 105 kcal, 14 g EW, 4 g F, 4 g KH

1 TK-Erbsen auftauen lassen. Den Backofen auf 220° (Umluft 200°) vorheizen. Folien leicht fetten. Garnelen abbrausen und trocken tupfen. Knoblauch schälen und fein schneiden. Tomate kreuzweise einschneiden, kurz überbrühen, häuten und ohne Stielansatz klein würfeln. Knoblauch, Tomate, Erbsen, Zitronenschale und -saft mischen.

2 Das Gemüse mittig auf die Folien verteilen, salzen und pfeffern. Die Garnelen daraufgeben. Die Folien jeweils über der Füllung verschließen. Die Päckchen auf ein Backblech setzen und im Ofen (Mitte) 10–12 Min. garen.

raffiniert eingepackt

Hackfleisch-Beutelchen

Wan-Tan-Teigblätter kommen aus der asiatischen Küche und sind vielseitig einsetzbar. Sie schmecken sowohl mit süßer als auch mit herzhafter Füllung.

40 TK-Wan-Tan-Teigblätter (ca. 9 x 9 cm)
200 g gemischtes Hackfleisch
1 kleine Zwiebel | 1 Knoblauchzehe
1 TL Tomatenmark
1 TL edelsüßes Paprikapulver | Salz
½ Bund Petersilie
1 Stück Lauch (ca. 100 g) | 1 EL Öl

Für 40 Stück
45 Min. Zubereitung
Pro Stück ca. 40 kcal, 2 g EW, 1 g F, 6 g KH

1 Die Teigblätter mit einem feuchten Tuch abdecken und auftauen lassen. Das Hackfleisch in eine Schüssel geben. Die Zwiebel und den Knoblauch schälen. Die Zwiebel auf der Haushaltsreibe fein zum Hackfleisch reiben. Den Knoblauch durch die Presse dazudrücken. Tomatenmark, Paprikapulver und Salz dazugeben und alles gut mischen. Die Petersilie waschen, trocken schütteln, die Blättchen abzupfen und fein hacken. Untermischen.

2 Den Lauch putzen, waschen und fein würfeln. Das Öl in einer Pfanne erhitzen, den Lauch darin ca. 2 Min. anbraten. Dann die Hackfleischmischung zugeben, gut untermischen und bei mittlerer Hitze in ca. 4 Min. krümelig braten. Aus der Pfanne nehmen und etwas abkühlen lassen.

3 Jedes Teigblatt mit etwas Wasser bestreichen und mit je 1 TL Fleischfüllung mittig belegen. Die Teigecken über der Füllung zur Mitte legen, jeweils zwei Ränder zusammendrücken, die Spitzen ggf. zusammendrehen (Bild 1). Beutelchen in einen Dämpfeinsatz oder auf einen flachen Teller legen. Eine Tasse in den Wok oder einen breiten Topf stellen, ½ l Wasser dazugießen und erhitzen. Den Dämpfeinsatz oder Teller daraufsetzen und die Beutelchen (gegebenenfalls in Portionen) über dem heißen Dampf zugedeckt bei mittlerer Hitze ca. 15 Min. garen (Bild 2).

UND DAZU?

Die Hackfleisch-Beutelchen schmecken wunderbar als Einlage in einer würzigen Brühe oder als Snack mit einem raffinierten Dip (s. z. B. Seite 40).

VARIANTE – IM PFANNKUCHEN

Wer dieses Rezept ein wenig abwandeln möchte, verwendet statt der Wan-Tan-Blätter Pfannkuchen als Hülle für die Hackfleischfüllung. Für den Pfannkuchenteig (10 kleine Pfannkuchen) 1 Ei mit 150 ml Wasser, 80 g Mehl, 1 Msp. Backpulver und 1 Prise Salz vermischen, kurz quellen lassen und anschließend in einer kleinen beschichteten Pfanne (15 cm Ø) portionsweise ausbraten. Wie beschrieben füllen. Am hübschesten sind sie in Beutelform, zusammengebunden mit Lauchstreifen oder Schnittlauchhalmen, und schmecken als Snack oder zum Salat. Kalt oder wie die Wan-Tan-Beutel gedämpft servieren. Auf einem Büffet sind diese Beutelchen auf jeden Fall ein Hingucker.

1

2

3

Fisch, Geflügel & Fleisch

Ab ins Päckchen! Diese wunderbar schonende Garmethode eignet sich für vielerlei Zutaten. So wandern neben feinem Fisch auch zartes Geflügel und Fleischsorten zum Kurzbraten besonders gerne in die schützende Hülle. Dort bewahren sie ihr volles Aroma und vereinen sich mit dem ihrer köstlichen Begleiter. Ein kulinarisches Erlebnis!

Lachsfilet im Zucchinimantel

4 Lachsfilets ohne Haut (à ca. 150 g)
Pfeffer
1 großer Zucchino
50 g schwarze Oliven
100 g Cocktailtomaten
3 EL Öl
1 TL Salz
4 Papierstücke (s. Seite 4)
Öl fürs Papier | Küchengarn

Für 4 Personen | 30 Min. Zubereitung
Pro Portion ca. 410 kcal, 29 g EW, 32 g F, 1 g KH

1 Die Lachsfilets kalt abspülen, gut trocken tupfen und pfeffern. Zucchino waschen, putzen und längs in sehr feine Scheiben schneiden oder hobeln. Die Oliven entsteinen und sehr fein hacken. Die Tomaten waschen und halbieren.

2 Den Backofen auf 180° (Umluft 160°) vorheizen. Die Papierstücke auslegen und mit etwas Öl bepinseln. 3 EL Öl mit Salz und den Oliven mischen und die Paste auf die Lachsfilets streichen.

3 Die Zucchinoscheiben um die Lachsfilets wickeln und diese Päckchen mit den Nahtstellen nach unten auf die Papierstücke legen. Tomatenhälften darauf verteilen. Das Papier von zwei Seiten über dem Fisch zusammenlegen. Die beiden seitlichen Enden jeweils zusammendrehen und mit Küchengarn zubinden, sodass »Bonbons« entstehen.

4 Die Päckchen auf dem Backblech im Ofen (Mitte) ca. 15 Min. backen. Herausnehmen, auf vier Teller verteilen und am Tisch öffnen.

edel | etwas teurer

Rotbarben auf Gemüse

450 g Brokkoli
8 Rotbarbenfilets (à 80–100 g)
Salz | Pfeffer
30 g grüne Oliven ohne Stein
4 EL Mandelblättchen | 40 g Butter
2 EL Noilly Prat (frz. Wermut; ersatzweise Gemüsebrühe)
2 EL Zitronensaft
frisch geriebene Muskatnuss
4 Papierstücke (s. Seite 4)

Für 4 Personen
25 Min. Zubereitung | 20 Min. Garen
Pro Portion ca. 315 kcal, 40 g EW, 16 g F, 3 g KH

1 Den Backofen auf 200° vorheizen. Brokkoli waschen, putzen und in kleine Röschen teilen. Fischfilets kalt abspülen und trocken tupfen, dann salzen und pfeffern. Oliven grob hacken. Mandelblättchen ohne Fett in einer Pfanne rösten, bis sie duften.

2 Die Butter in einem Topf zerlassen. Noilly Prat und Zitronensaft unterrühren und alles bei schwacher Hitze ca. 2 Min. köcheln. Mit Muskat würzen.

3 Die Papierstücke auslegen. Brokkoli mittig darauf verteilen, Oliven und Mandeln überstreuen, je 2 Fischfilets darauflegen. Nochmals alles salzen, pfeffern und mit der Sauce umgießen. Jedes Papier zu einem Päckchen verschließen (s. Seite 6).

4 Die Päckchen auf einem Backblech im Ofen (Mitte, Umluft 180°) 15–20 Min. garen.

schnell | gelingt leicht

Lachsfilets auf Babyspinat

4 Lachsfilets ohne Haut (à ca. 150 g)
Salz | Pfeffer
400 g Babyspinat
2 EL Apfelsaft
½ TL Cayennepfeffer
2 EL weiche Butter
1 Stück Bratschlauch (60 cm)

Für 4 Personen | 50 Min. Zubereitung
Pro Portion ca. 355 kcal, 30 g EW, 25 g F, 1 g KH

1 Den Backofen auf 180° (Umluft 160°) vorheizen. Die Fischfilets kalt abspülen und trocken tupfen, dann salzen und pfeffern. Den Spinat verlesen, putzen, gründlich waschen und gut trocken schleudern. Apfelsaft und Cayennepfeffer zur weichen Butter geben und gut verrühren.

2 Den Bratschlauch auf der Arbeitsfläche auslegen (die Nahtstelle muss oben sein), eine Seite mit dem beiliegenden Verschluss verschließen und den Spinat im Bratschlauch verteilen. Mit Salz und Pfeffer würzen. Die Würzbutter auf die Lachsfilets streichen und die Fischstücke mit etwas Abstand auf die Spinatblätter legen. Den Bratschlauch auf der zweiten Seite fest verschließen und mit der Schere ein kleines Loch oben einschneiden.

3 Das Fischpäckchen auf ein Backblech setzen und im Ofen (Mitte) ca. 15 Min. garen. Vor dem Öffnen kurz ruhen lassen.

oben: Rotbarben auf Gemüse | unten: Lachsfilets auf Babyspinat

am besten mit Umluft

Minz-Doraden im Salzmantel

Wer träumt nicht von Sonne und Meer? Bei diesem Aromawunder erinnern sich auch noch die Geschmacksknospen an Urlaub …

4 küchenfertige mittelgroße Doraden
(à ca. 350 g)
2 Bio-Zitronen
1 Bund Minze
2,5 kg grobes Meersalz
3 Eiweiß

Für 4 Personen
50 Min. Zubereitung | 25 Min. Garen
Pro Portion ca. 240 kcal, 38 g EW, 10 g F, 0 g KH

1 Die Fische innen und außen kalt abspülen und trocken tupfen. Die Zitronen heiß waschen, abtrocknen und in Scheiben schneiden. Die Minze waschen, trocken schütteln und zusammen mit den Zitronenscheiben in die Fische füllen (Bild 1).

2 Den Backofen 180° (Umluft) vorheizen und zwei Backbleche mit Backpapier belegen. Das Salz in einer Schüssel mit den Eiweißen gleichmäßig vermengen und ein Drittel davon auf die beiden Bleche verteilen, in je zwei Portionen, die etwas größer als die Doraden sind. Die Doraden darauflegen (Bild 2) und mit der restlichen Salzmischung vollständig bedecken (Bild 3).

3 Die beiden Bleche in den Ofen geben (unten und Mitte) und die Fische darin ca. 25 Min. garen. Aus dem Ofen nehmen und vor dem Servieren noch etwa 5 Min. ruhen lassen.

4 Die Salzkruste aufklopfen (Bild 4; das klappt normalerweise mit einem Löffelrücken, ggf. muss man aber, wenn nötig, auch einmal einen Hammer nehmen). Die Haut mit einer Gabel vorsichtig von den Fischen lösen, die Fische mit einem Pfannenwender behutsam aus der Kruste heben und auf vorgewärmten Tellern servieren.

BACKTIPP
Wer keinen Umluftherd hat, schiebt die Bleche nacheinander in den Ofen (Mitte) und teilt jeweils einen fertig gegarten Fisch auf zwei Personen auf, während die nächsten zwei Fische im Ofen sind.

AROMA-TIPP
Noch mehr Aroma bekommen die Fische, wenn man zusätzlich Kräuter (Minze und/oder Petersilie) zwischen Haut und Salzkruste verteilt.

VARIANTE
Sie können in dieser Salzkruste auch größere Fische garen. Zum Beispiel eignen sich Lachsforellen oder Wolfsbarsch hervorragend für diese Garmethode. Die oben angegebene Salzmenge reicht dann im Normalfall für einen großen Fisch von 1–1,5 kg und dieser für 4 Personen. Die Garzeit sollten Sie dann allerdings um 5–10 Min. verlängern.

1
2
3
4
5

klassisch | gelingt leicht

Zanderfilet mit Fenchel und Zitrone

Besonders effektvoll sind Päckchen aus Bananenblättern mit verlockender Füllung – aber machen Sie selbst den Aromatest.

4 Zanderfilets ohne Haut (à ca. 180 g) | Salz | Pfeffer | 1 Fenchelknolle | 1 Knoblauchzehe | 1 Bio-Zitrone | 2 EL Sahne | ½ TL gemahlener Kreuzkümmel | 1 TL Fenchelsamen | 1 Bananenblatt

Für 4 Personen | 35 Min. Zubereitung
Pro Portion ca. 180 kcal, 36 g EW, 3 g F, 2 g KH

1 Den Backofen auf 200° (Umluft 180°) vorheizen. Die Fischfilets kalt abspülen, trocken tupfen, salzen und pfeffern. Den Fenchel putzen, waschen und in sehr feine Streifen schneiden oder hobeln. Den Knoblauch schälen und fein hacken.

2 Das Bananenblatt feucht abwischen und in vier Stücke (je ca. 25 x 40 cm) schneiden. Die Zitrone heiß waschen, abtrocknen und die Schale fein abreiben. Die restliche Schale mitsamt der weißen Haut und den feinen Häutchen auf den Filets rundum abschneiden. Die Filets zwischen den Trennhäuten herauslösen und den Saft dabei auffangen.

3 Fenchel, Knoblauch, Zitronenfilets, -saft, -schale, Sahne und Gewürze in einer Schüssel mischen. Diese Mischung mittig auf den Bananenblättern verteilen und die Fischfilets darauflegen. Für jedes Päckchen vorsichtig zwei Seiten über der Füllung zusammenführen, umfalten und mit dem Tacker verschließen. Die beiden anderen Seiten ebenfalls mehrmals falten und an den Ecken fixieren. Die Päckchen auf ein Backblech geben und im Ofen (Mitte) ca. 15 Min. garen.

TIPP

Schneiden Sie die Päckchen mit einer Schere so auf, dass die Metallklammern mit entfernt werden. So besteht keine Gefahr, dass sie verschluckt werden.

edel | macht viel her

Frutti di Mare

700 g küchenfertige TK-Meeresfrüchte | Salz | Pfeffer | 2 rosa Grapefruits | 150 g Cocktailtomaten | 4 EL gehackte Petersilie | 4 Papierstücke (s. Seite 4) | Öl fürs Papier | Küchengarn

Für 4 Personen
15 Min. Zubereitung | 20 Min. Garen
Pro Portion ca. 230 kcal, 29 g EW, 5 g F, 12 g KH

1 Backofen auf 200° vorheizen. Meeresfrüchte auftauen lassen, trocken tupfen, salzen, pfeffern. Von den Grapefruits die Schale mit der weißen Haut abschneiden, Filets auslösen, Saft dabei auffangen. Tomaten waschen und halbieren.

2 Papierstücke auslegen und leicht fetten. Meeresfrüchte, Grapefruitfilets, -saft und Tomaten darauf verteilen. Die Papierecken nach oben führen und mit Küchengarn fest zubinden. Päckchen auf dem Backblech im Ofen (Mitte, Umluft 180°) ca. 20 Min. garen. Päckchen auf Teller verteilen, öffnen und mit der Petersilie bestreuen.

fruchtig | asiatisch angehaucht

Putenfleisch mit Lauch

400 g Putenschnitzel | 2 Bio-Orangen | 2 kleine Stangen Lauch (ca. 400 g) | 1 EL Sojasauce | 3 EL Sahne | 1 EL Gemüsebrühe | Salz | Pfeffer | 4 Stück Alufolie (ca. 30 x 40 cm)

Für 4 Personen | 25 Min. Zubereitung
Pro Portion ca. 170 kcal, 27 g EW, 4 g F, 7 g KH

1 Backofen auf 220° (Umluft 200°) vorheizen. Fleisch in Streifen schneiden. Orangen heiß waschen, abtrocknen, die Schale fein abreiben. Die restliche Schale mit der weißen Haut abschneiden. Filets zwischen den Trennhäuten herauslösen, Saft auffangen. Lauch putzen, waschen und in sehr feine Ringe schneiden. Mit Fleisch, Orangenfilets, 2 EL Orangensaft, -schale und übrigen Zutaten mischen.

2 Die Folien auslegen und die Puten-Lauch-Mischung mitsamt der Marinade mittig darauf verteilen. Die Folien zu Päckchen falten, diese gut verschließen und auf einem Backblech im Ofen (Mitte) 12–15 Min. garen.

zart | kräuter-würzig

Hähnchenbrust mit Bohnen

Die zarten Hähnchenbrüste werden durch die Kräuter besonders aromatisch und so zu einem frühlingshaften Hochgenuss!

400 g grüne Bohnen (frisch oder TK)
Salz | Pfeffer
4 Hähnchenbrustfilets (à ca. 200 g)
1 Knoblauchzehe
1 Bund gemischte Kräuter (z. B. Basilikum, Kerbel, Koriander, Salbei und Oregano; ersatzweise ½ Päckchen TK-8-Kräutermischung)
2 EL Weißwein (ersatzweise Gemüsebrühe)
2 EL Schmand
4 Papierstücke (s. Seite 4)
Öl fürs Papier

Für 4 Personen
20 Min. Zubereitung | 25 Min. Garen
Pro Portion ca. 305 kcal, 45 g EW, 9 g F, 6 g KH

1 Den Backofen auf 200° vorheizen. Die Papierstücke auslegen und mit etwas Öl bepinseln. TK-Bohnen auftauen lassen. Frische Bohnen verlesen, waschen und putzen. In wenig kochendem Salzwasser 3 Min. blanchieren, abgießen und pfeffern. Hähnchenbrüste salzen und pfeffern. Knoblauch schälen und in feine Scheiben schneiden. Kräuter waschen, trocken schütteln und die Blättchen abzupfen. Mit dem Knoblauch unter die Bohnen mischen (TK-Bohnen jetzt salzen und pfeffern).

2 Hähnchenbrüste auf die Papiere legen und die Bohnen darüber verteilen. Weißwein mit Schmand mischen. Auf jedes Päckchen 1 EL Schmandmischung geben, alles kräftig salzen und pfeffern.

3 Das Papier von zwei Seiten über dem Hähnchen zusammennehmen, oben mindestens zweimal umfalten und mit dem Tacker verschließen. Die beiden anderen Seiten ebenfalls jeweils mindestens zweimal umfalten und an den Ecken fest verschließen. Die Päckchen auf ein Backblech setzen und im Ofen (Mitte, Umluft 180°) ca. 25 Min. garen. Herausnehmen, auf Teller setzen und mit einer Schere oben und an den Seiten so aufschneiden, dass die Metallklammern auch entfernt werden.

UND DAZU?

Servieren Sie zu den Hähnchenbrüsten Kartoffeln oder Tomatenreis (Klappe hinten).

VARIANTE

Wählen Sie aus der großen Bohnenvielfalt: Probieren Sie doch mal statt der grünen Bohnen weiße Bohnenkerne aus der Dose oder frische, gepalte Dicke Bohnen (auch Saubohnen genannt). Außerhalb der Saison können Sie auch TK-Ware nehmen oder Bohnen aus der Dose.

für Gäste

Tomaten-Hähnchen in Salzkruste

Das Garen im Salzmantel braucht zwar etwas Zeit, aber das zart-saftige Fleisch und das wunderbare Aroma lohnen den Aufwand auf jeden Fall.

1 küchenfertiges Brathähnchen (ca. 1,5 kg)
2 Zweige Thymian
50 g getrocknete, in Öl eingelegte Tomaten
1 Bio-Orange
2 Knoblauchzehen
Pfeffer
1 EL Kapern
2,5 kg grobes Meersalz
3 Eiweiß
Zahnstocher oder Küchengarn zum Verschließen

Für 4–6 Personen
25 Min. Vorbereitung | 1 Std. 20 Min. Garen
Bei 6 Personen pro Portion ca. 390 kcal,
37 g EW, 26 g F, 2 g KH

1 Das Hähnchen innen und außen kalt abspülen und trocken tupfen. Thymian waschen und die Blättchen abzupfen. Die Tomaten abtropfen lassen. Die Orange heiß waschen, abtrocknen und mitsamt der Schale in Spalten schneiden. Den Knoblauch schälen und halbieren.

2 Das Hähnchen rundherum mit 2–3 EL Tomatenöl einreiben und pfeffern. Thymian, Tomaten, Orangenspalten, Knoblauch und Kapern in die Bauchhöhle des Hähnchens füllen (Bild 1) und die Öffnung mit Zahnstochern oder Küchengarn gut verschließen, sodass kein Salz in das Hähnchen eindringen kann (Bild 2).

3 Den Backofen auf 200° vorheizen und ein Backblech mit Backpapier belegen. Das Salz in einer Schüssel mit den Eiweißen gleichmäßig vermengen und ein Drittel davon auf dem Blech verteilen – die Fläche sollte etwas größer als das Hähnchen sein. Das Hähnchen mit der Brust nach oben auf das Salzbett legen und mit der restlichen Salzmischung vollständig bedecken. Im Ofen (Mitte, Umluft 180°) ca. 1 Std. 20 Min. backen.

4 Das Hähnchen aus dem Ofen nehmen und vor dem Servieren noch ca. 5 Min. ruhen lassen, dann die Salzkruste mit einem Löffelrücken (oder, falls nötig, mit einem Hammer) aufklopfen und das Hähnchen vorsichtig aus der Kruste heben. Das Hähnchen zerteilen und servieren.

UND DAZU?

Gut passen Sahnenudeln (Klappe hinten) oder Reis. Auch mediterrane Kartoffeln vom Blech, eventuell mit Gemüse (z. B. Pilze, Paprikaschoten, Auberginen) gegart, passen gut zu dem Hähnchen.

VARIANTE – ZITRONEN-KRÄUTER-HÄHNCHEN

Das Hähnchen mit Scheiben von 2–3 Bio-Zitronen, einigen Blättern Salbei, 3 Zweigen Rosmarin, 3 Zweigen Thymian und 2 Knoblauchzehen füllen und wie oben beschrieben zubereiten. Reiben Sie vor dem Einpacken in das Salz die Hähnchenhaut mit Zitronenöl (oder Olivenöl und etwas frisch abgeriebener Bio-Zitronenschale) ein.

1

2

3

schnell | saftig

Gewürz-Hähnchen

3 Hähnchenbrustfilets (à ca. 200 g) | 4 EL Joghurt | 1 EL Ketchup | 1 TL Zitronensaft | 1 TL edelsüßes Paprikapulver | 1/4 TL gemahlener Kreuzkümmel | 1/4 TL Zimtpulver | 4 Stück Alufolie (ca. 30 x 40 cm)

Für 4 Personen | 10 Min. Zubereitung
2 Std. Marinieren | 20 Min. Garen
Pro Portion ca. 185 kcal, 32 g EW, 4 g F, 2 g KH

1 Das Hähnchenfleisch in gleichmäßig große Würfel oder Streifen schneiden (ca. 5 x 5 cm). Joghurt mit Ketchup, Zitronensaft und Gewürzen verrühren und das Fleisch damit mindestens 2 Std. im Kühlschrank marinieren.

2 Den Backofen auf 200° vorheizen. Die Folien auslegen und die Hähnchenstücke mit etwas von der Marinade mittig darauf verteilen. Die Folien zu Päckchen falten, gut verschließen und auf ein Backblech setzen. Die Päckchen im Ofen (Mitte, Umluft 180°) ca. 20 Min. garen.

Klassiker mal anders

Hack-Kräuter-Bällchen

1 Frühlingszwiebel | 1 Bund gemischte Kräuter | 400 g Rinderhackfleisch | 1 Ei | 1 TL Senf | 1 TL abgeriebene Schale von 1 Bio-Zitrone | Salz | Pfeffer | 4 Papierstücke (s. Seite 4) | Öl fürs Papier | Küchengarn

Für 4 Personen | 30 Min. Zubereitung
Pro Portion ca. 275 kcal, 26 g EW, 19 g F, 1 g KH

1 Den Backofen auf 200° (Umluft 180°) vorheizen. Die Frühlingszwiebel putzen, waschen und in sehr feine Ringe schneiden. Die Kräuter waschen, trocken schütteln, die Blättchen sehr fein hacken. Mit Hackfleisch, Ei, Senf, Zitronenschale, Salz und Pfeffer zu einer homogenen Masse mischen.

2 Die Papierstücke auslegen und leicht fetten. Die Hackmasse zu 16–20 Bällchen formen und auf die Papierstücke verteilen. Die Papierecken nach oben zusammenführen und mit Küchengarn fest zubinden. Zu lange Spitzen kürzen. Die Päckchen auf einem Backblech im Ofen (unten) ca. 15 Min. garen.

würzig | günstig

Schnitzel auf Tomaten

500 g Schweineschnitzel | 1 EL Olivenöl | Salz | Pfeffer | 2 Zwiebeln | 3 Tomaten | 1 TL Zucker | 1 EL frischer Oregano | 1 Prise Zimtpulver | 2 Stück Bratschlauch (à ca. 50 cm)

Für 4 Personen | ⌚ 30 Min. Zubereitung
Pro Portion ca. 175 kcal, 28 g EW, 5 g F, 3 g KH

1 Backofen auf 200° (Umluft 180°) vorheizen. Fleisch in Streifen schneiden und mit Öl, Salz und Pfeffer mischen. Zwiebeln schälen und in feine Spalten schneiden. Tomaten oben kreuzweise einschneiden, brühen, häuten, von den Stielansätzen befreien und würfeln. Mit Zwiebeln, Zucker, Oregano, Zimt, Salz und Pfeffer mischen.

2 Die Bratschläuche (Naht oben) auf je einer Seite verschließen und die Tomatenmischung darin verteilen. Fleisch darauflegen und jeden Schlauch fest verschließen; oben ein kleines Loch einschneiden. Päckchen auf dem Backblech im Ofen (Mitte) 12–15 Min. garen; dann kurz ruhen lassen.

aromatisch | saftig

Geschnetzeltes mit Honigsenf

600 g Schweinefleisch (Schnitzel oder Filet) | 6 EL Zitronensaft | 3 EL Honig | 1–2 EL Dijonsenf | Salz | Chilipulver (Menge nach Belieben) | 4 Papierstücke (s. Seite 4) | Öl für das Papier

Für 4 Personen
⌚ 2 Std. Marinieren | 25 Min. Zubereitung
Pro Portion ca. 235 kcal, 33 g EW, 6 g F, 13 g KH

1 Das Fleisch fein schnetzeln. Zitronensaft mit Honig, Senf, Salz und Chilipulver mischen und das Fleisch damit mindestens 2 Std. marinieren.

2 Den Backofen auf 200° (Umluft 180°) vorheizen. Die Papiere auslegen und leicht fetten. Das Fleisch samt Marinade darauf verteilen. Das Papier von zwei Seiten oben zusammennehmen, zweimal falten und mit einem Tacker fixieren. Die beiden anderen Seiten ebenfalls verschließen. Die Päckchen auf dem Backblech im Ofen (Mitte) 12–15 Min. garen.

mediterran | für Gäste

Lammlachse im Teigmantel

2–3 TL Rosmarinnadeln
4 EL Joghurt
1 TL edelsüßes Paprikapulver
1 EL Tomatenmark | 1 EL Zitronensaft
abgeriebene Bio-Zitronenschale (nach Belieben)
Salz | Pfeffer
1 Knoblauchzehe
4 Lammlachse (à ca. 150 g)
2 Packungen rechteckiger Blätterteig
(à 275 g; Kühlregal)

Für 4 Personen | 10 Min. Zubereitung
2 Std. Marinieren | 20 Min. Garen
Pro Portion ca. 890 kcal, 37 g EW, 59 g F, 53 g KH

1 Rosmarin hacken. Joghurt mit Paprikapulver, Rosmarin, Tomatenmark, Zitronensaft, -schale, Salz und Pfeffer mischen. Knoblauch schälen und zum Joghurt pressen. Das Lammfleisch in die Joghurtmarinade legen, gut damit bedecken und im Kühlschrank mindestens 2 Std., am besten ganz einfach über Nacht, ruhen lassen.

2 Den Backofen auf 200° vorheizen und ein Backblech mit Backpapier belegen. Den Blätterteig entrollen und jedes Stück halbieren. Dann das Lammfleisch mit etwas Marinade mittig auf jeweils eine Teighälfte legen und den Teig darüberschlagen. Mit einer Gabel die beiden kurzen Seiten eindrücken und die Päckchen mit der Nahtstelle nach unten auf das Backblech legen. Im Ofen (Mitte, Umluft 180°) 15–20 Min. (je nach Dicke der Fleischstücke) garen. Vor dem Servieren kurz ruhen lassen.

zitronig-fein | raffiniert

Asia-Rind im Bananenblatt

400 g Rinderhüfte
1 Stück Zitronengras (ca. 3 cm)
1 Stück Ingwer (ca. 1 cm)
2 EL Sesamsamen
2 EL Sojasauce
200 g Zuckerschoten
100 g Bambussprossen (aus Glas oder Dose)
1 Bananenblatt

Für 4 Personen | 35 Min. Zubereitung
Pro Portion ca. 245 kcal, 22 g EW, 25 g F, 5 g KH

1 Den Backofen auf 200° (Umluft 180°) vorheizen. Das Rindfleisch in feine Streifen schneiden. Das Zitronengras putzen, waschen und in sehr feine Ringe schneiden. Den Ingwer schälen und sehr fein hacken. Beides mit Sesamsamen und Sojasauce mischen. Die Zuckerschoten putzen, waschen und schräg in feine Streifen schneiden. Die Bambussprossen abtropfen lassen. Mit den Zuckerschoten und dem Rindfleisch zur Ingwermarinade geben und alles gut mischen.

2 Das Bananenblatt feucht abwischen und 4 Stücke (je ca. 25 x 40 cm) daraus schneiden. Diese auslegen und die Gemüse-Fleisch-Mischung mittig darauf verteilen. Für jedes Päckchen vorsichtig zwei Seiten über der Füllung mehrmals zusammenfalten und mit einem Tacker fixieren. Die beiden anderen Seiten ebenfalls jeweils mehrmals umfalten und an den Ecken mit dem Tacker verschließen. Die Bananenblattpäckchen auf ein Backblech geben und im Ofen (Mitte) 12–15 Min. garen.

oben: Lammlachse im Teigmantel | unten: Asia-Rind im Bananenblatt

würzig | edel

Rinderfilet mit Backpflaumen

250 g Backpflaumen
2 rote Zwiebeln
200 ml Rotwein (ersatzweise roter Traubensaft)
6 EL Aceto balsamico
2 EL Zucker
1–2 EL Olivenöl
400 g Rinderfilet
Salz | Pfeffer
4 Papierstücke (s. Seite 4) | Küchengarn

Für 4 Personen | 30 Min. Zubereitung
Pro Portion ca. 380 kcal, 23 g EW, 8 g F, 43 g KH

1 Den Backofen auf 200° (Umluft 180°) vorheizen. Die Backpflaumen grob würfeln. Die Zwiebeln schälen und in schmale Spalten schneiden. Pflaumen, Zwiebeln, Rotwein, Essig, Zucker und Olivenöl mischen. Das Rinderfilet in 12 dünne Scheiben schneiden und mit Salz und Pfeffer würzen.

2 Die Papierstücke auf der Arbeitsfläche auslegen. Die Pflaumenmischung darauf verteilen und auf jede Portion 3 Scheiben Rinderfilet legen. Das Papier an den Ecken nach oben zu Säckchen zusammenführen und mit Küchengarn fest zubinden. Die Spitzen oben, falls nötig, mit der Schere kürzen. Die Päckchen auf ein Backblech setzen und im Ofen (Mitte) 12–15 Min. garen.

UND DAZU?

Servieren Sie dazu entweder Baguette und einen knackigen Salat oder Reis und beispielsweise ein in wenig Salzwasser gedünstetes Zucchinigemüse.

macht was her | fruchtig

Schweinefilet mit Datteln

2 Frühlingszwiebeln
200 g Datteln (ohne Stein)
½ TL gemahlener Kreuzkümmel
1 Prise Zimtpulver
2 TL Honig
Salz | Pfeffer
700 g Schweinefilet
2 Packungen rechteckiger Blätterteig
(à 275 g; Kühlregal)

Für 4 Personen
20 Min. Zubereitung | 30 Min. Garen
Pro Portion ca. 915 kcal, 47 g EW, 42 g F, 55 g KH

1 Den Backofen auf 200° vorheizen und ein Backblech mit Backpapier belegen. Die Frühlingszwiebeln putzen, waschen und klein schneiden. Die Datteln mit Zwiebeln, Gewürzen, Honig, Salz und Pfeffer mit einem Stabmixer fein pürieren. Das Schweinefilet in vier gleich große Stücke schneiden. In jedes Stück von beiden Seiten mit einem scharfen, spitzen Messer kreuzweise ein Loch stechen. Gut die Hälfte der Dattelmasse mit einem Löffel oder mit den Fingern in das Fleisch füllen.

2 Den Blätterteig entrollen und jedes Stück halbieren. Die restliche Dattelmasse auf den vier Teigstücken mittig in etwa der Größe der Filetstücke verteilen und diese darauflegen. Den Teig über jedem Stück Fleisch zusammenschlagen. Mit einer Gabel die beiden kurzen Seiten eindrücken und die Päckchen mit der Nahtstelle nach unten auf das Backblech legen. Im Ofen (Mitte, Umluft 180°) 20–30 Min. (je nach Dicke der Filets) garen. Vor dem Servieren kurz ruhen lassen.

oben: Schweinefilet mit Datteln | unten: Rinderfilet mit Backpflaumen

Gemüse & Vegetarisches

Auch für Reis, Gemüse, Hülsenfrüchte und Tofu hat das aromasanfte Päckchen-Garen nur Vorteile: Besonders schonend und fettarm zubereitet, bleibt alles wunderbar saftig und knackig. Mit raffinierten Gemüsebeilagen oder kompletten Veggie-Gerichten wie diesem feinen Rote-Bete-Risotto verwöhnen Sie auch Gäste.

Rote-Bete-Risotto mit Ingwer

200 g Rote Bete
1 Stück Ingwer (ca. 1 cm)
1 Knoblauchzehe
300 g Risottoreis
Salz | Pfeffer
50 g frisch geriebener Parmesan
900 ml Gemüsebrühe
120 ml Rotwein (ersatzweise Brühe)
100 g Ziegenfrischkäse
5 Stück Backpapier (ca. 38 x 42 cm)

Für 4 Personen
15–20 Min. für die Schachteln
25 Min. Zubereitung | 45 Min. Garen
Pro Portion ca. 420 kcal, 14 g EW, 9 g F, 64 g KH

1 Aus vier Papierstücken nach der Anleitung auf Seite 7 vier Schachteln falten und die Ecken mit dem Tacker fixieren. Die Schachteln mit wenig Abstand zueinander auf ein Backblech stellen. Inzwischen den Backofen auf 180° vorheizen.

2 Die Roten Beten schälen und grob raspeln. Ingwer und Knoblauch schälen und fein hacken. Alles mit dem Risottoreis mischen, den Reis mit Salz und Pfeffer würzen und den Parmesan untermischen.

3 Die Risottomischung in den Schachteln verteilen. Brühe und Wein mischen und über den Reis gießen. Ziegenkäse darüberkrümeln. Schachteln mit dem letzten Blatt Backpapier abdecken und den Risotto im Ofen (Mitte, Umluft 160°) ca. 45 Min. garen.

abwechslungsreich

Feta mit verschiedenen Saucen

Ein ideales Standardgericht, das sich ganz nach Lust, Laune und Saison abwandeln lässt und dabei nie langweilig wird.

400 g Feta
2 Knoblauchzehen (nach Belieben)
1 Handvoll frische Kräuter (z. B. Rucola, Petersilie oder Basilikum)
4 Stücke Alufolie (ca. 20 x 25 cm)
Öl für die Folie
Für die Ratatouillesauce:
1 kleine Aubergine
1 kleiner Zucchino
100 g gegrillte Paprikaschoten (aus dem Glas)
1 Zwiebel | 1 Knoblauchzehe
1 EL Olivenöl | 2 EL Gemüsebrühe
1 EL Tomatenmark
1 TL Kräuter der Provence
Für die Avocadosauce:
3 EL Mandelblättchen
1 reife Avocado
4 EL Joghurt (nach Belieben Schafsjoghurt)
2 EL frisch geriebener Parmesan
2 EL Orangensaft
Salz | Cayennepfeffer

Für 4 Personen | 35 Min. Zubereitung
Pro Portion ca. 500 kcal, 25 g EW, 40 g F, 8 g KH

1 Den Backofen auf 200° vorheizen. Die Folien auslegen und mit etwas Öl bepinseln. Den Feta in vier Stücke schneiden und darauflegen. Knoblauch schälen und sehr fein schneiden. Kräuter waschen, trocken schütteln und mit dem Knoblauch auf dem Feta verteilen. Die Folien über dem Feta zusammenfalten und gut verschließen. Päckchen auf einem Backblech im Ofen (Mitte, Umluft 180°) ca. 20 Min. garen.

2 Inzwischen für die Ratatouillesauce Aubergine und Zucchino waschen, putzen und würfeln. Paprikaschoten klein schneiden. Zwiebel und Knoblauch schälen und fein hacken. Öl in einer Pfanne erhitzen, Aubergine darin bei starker Hitze unter Rühren ca. 3 Min. braten. Zucchino, Paprika, Zwiebel und Knoblauch dazugeben und 2 Min. braten. Brühe, Tomatenmark und Kräuter unterrühren. Die Sauce bei schwacher Hitze ca. 4 Min. köcheln lassen, dann mit dem Stabmixer zur gewünschten Konsistenz pürieren. In eine Schale füllen.

3 Für die Avocadosauce die Mandeln in einer Pfanne ohne Fett rösten, bis sie duften. Avocado halbieren, den Kern entfernen, das Fruchtfleisch aus der Schale lösen und mit einer Gabel zerdrücken. Mit Joghurt, Parmesan und Orangensaft glatt rühren und mit Salz und Cayennepfeffer würzen. Kurz vor dem Servieren die Mandelblättchen über die Avocadosauce streuen.

4 Die Käsepäckchen aus dem Ofen nehmen, auf vier Teller verteilen und mit den Saucen servieren.

VARIANTE MIT HALLOUMI

Der feste griechische Grill- und Bratkäse Halloumi ist eine schöne Variante zum cremigen Feta. 500 g auf die Päckchen verteilen, wie beschrieben zubereiten.

raffiniert

Spargel, Aubergine und Ziegengouda

300 g grüner Spargel
1 Aubergine
2 EL Zitronensaft
Salz | Pfeffer
100 g Ziegengouda
4 Papierstücke (s. Seite 4)
Öl fürs Papier
Küchengarn

Für 4 Personen
20 Min. Zubereitung | 25 Min. Garen
Pro Portion ca. 145 kcal, 8 g EW, 11 g F, 4 g KH

1 Den Backofen auf 180° vorheizen. Die Papiere auslegen und mit etwas Öl bepinseln. Vom Spargel die holzigen Enden abschneiden, die Stangen waschen und quer halbieren. Die Aubergine waschen, putzen und in dünne Scheiben schneiden.

2 Die Auberginenscheiben dachziegelartig auf die Papierstücke verteilen, den Spargel darauflegen und alles mit Zitronensaft beträufeln. Kräftig mit Salz und Pfeffer würzen. Das Papier von zwei Seiten über dem Gemüse zusammenführen und zweimal umfalten, eventuell mit dem Tacker fixieren. Die beiden kurzen Seiten jeweils zusammendrehen und mit Küchengarn zubinden. Die Bonbons auf ein Backblech setzen und im Ofen (Mitte, Umluft 160°) ca. 25 Min. garen. Vor dem Servieren den Käse über die geöffneten Päckchen reiben oder hobeln.

asiatisch inspiriert

Tofucurry

250 g Tofu
1 TL Öl
1 EL Sojasauce
2 Zucchini
100 g Bambussprossen (aus Glas oder Dose)
3 Frühlingszwiebeln
1 Knoblauchzehe
100 ml Kokosmilch
1–2 TL grüne Currypaste | Salz
4 Stück Alufolie (ca. 30 x 42 cm)

Für 4 Personen
15 Min. Zubereitung | 20 Min. Garen
Pro Portion ca. 95 kcal, 8 g EW, 5 g F, 5 g KH

1 Den Tofu grob würfeln und mit Öl und Sojasauce mischen (s. Tipp). Zucchini waschen, putzen und in Würfel schneiden. Die Bambussprossen abtropfen lassen. Frühlingszwiebeln putzen, waschen und in ca. 1 cm breite Ringe schneiden. Knoblauch schälen und fein hacken. Tofu mitsamt der Marinade mit Zucchini, Sprossen, Frühlingszwiebeln und Knoblauch mischen. Den Backofen auf 180° vorheizen.

2 Die Folienstücke auslegen. Die Kokosmilch mit der Currypaste glatt rühren und salzen. Die Tofumischung mittig auf den Folien verteilen und mit der Curry-Kokosmilch begießen. Die Folien über dem Curry als Päckchen oder Säckchen gut verschließen. Die Päckchen auf ein Backblech setzen und im Ofen (Mitte, Umluft 160°) ca. 20 Min. garen.

TIPP

Der Tofu bekommt noch mehr Geschmack, wenn Sie ihn in der Marinade 1–2 Stunden marinieren.

oben: Spargel, Aubergine und Ziegengouda | unten: Tofucurry

für Gäste | etwas aufwendiger

Linsenbällchen auf Tomaten

Die Mühe für dieses Gericht lohnt allemal – die würzigen Bällchen sind etwas ganz Besonderes und wecken einfach den Veggie in uns.

200 g rote Linsen
1 Stück Ingwer (ca. 1 cm)
1 Zwiebel
1 Ei (Größe M)
2 –3 EL Kichererbsenmehl oder Semmelbrösel
½–1 TL gemahlener Kreuzkümmel
½–1 TL rosenscharfes Paprikapulver
Salz | Pfeffer
400 g stückige Tomaten (Dose)
1 Bananenblatt
Zahnstocher zum Verschließen

Für 4 Personen | 1 Std. Zubereitung
Pro Portion ca. 250 kcal, 17 g EW, 4 g F, 37 g KH

1 Die Linsen mit knapp 600 ml Wasser in einem Topf zum Kochen bringen und bei schwacher Hitze zugedeckt in 10–15 Min. weich garen. Anschließend vom Herd nehmen und noch ca. 5 Min. quellen lassen. Ingwer und Zwiebel schälen und beides auf der Gemüsereibe fein zu den Linsen reiben. Die Linsen mit Ei, Kichererbsenmehl oder Semmelbröseln und Gewürzen zu einer homogenen Masse vermischen. Mit Salz und Pfeffer würzen.

2 Den Backofen auf 200° (Umluft 180°) vorheizen. Das Bananenblatt mit einem feuchten Tuch abwischen und vier Stücke (je ca. 25 x 40 cm) daraus schneiden. Falls das Bananenblatt trocken oder brüchig ist, die Stücke in ca. 20 cm Höhe kurz über eine heiße Herdplatte halten (so werden sie biegsamer; Bild 1), dann auslegen. Die Tomatenstücke mittig auf die Bananenblätter geben. Aus der Linsenmasse mit feuchten Händen 16–20 Bällchen formen (Bild 2) und auf die Tomaten setzen.

3 Für jedes Päckchen vorsichtig zwei Blattseiten über die Füllung legen. Die beiden anderen Seiten ebenfalls über die Füllung schlagen (Bild 3). Die Päckchen mit Zahnstochern verschließen (Bild 4). Die Päckchen mit der Naht nach oben auf ein Backblech geben und im Ofen (Mitte) ca. 15 Min. garen.

UND DAZU?

Servieren Sie dazu ein lauwarmes Fladenbrot und knackige Blattsalate mit einem fruchtigen Dressing. Gut passt auch duftender Jasminreis dazu. Probieren Sie auch die Ratatouillesauce von Seite 40 zu den Linsenbällchen – lecker!

BEILAGE – MANGODIP

3–4 EL Mangochutney aus dem Glas mit 200 g saurer Sahne verrühren. Nach Belieben ein paar gehackte Blätter Koriandergrün darüberstreuen – und fertig ist ein köstlicher fruchtiger Dip.

TIPP – ZUBEREITUNG AUF DEM GRILL

Dieses Gericht eignet sich auch hervorragend für die Zubereitung auf dem Grill und bietet für Vegetarier eine schöne Abwechslung auf dem Teller. Dazu auf einer Alu-Grillschale die Bananenpäckchen ca. 10–15 Min. garen.

1

2

3

4

5

orientalisch inspiriert

Würziges Kichererbsengemüse

Kichererbsen aus der Dose sind eine schnelle und praktische Alternative zu den getrockneten, die lange einweichen und garen müssen.

1 Dose Kichererbsen (240 g Abtropfgewicht)
1 Tomate
1 Paprikaschote (rot oder gelb)
2 Stangen Staudensellerie
1 EL Zitronensaft
1 EL Olivenöl
1 TL edelsüßes Paprikapulver
Salz | Pfeffer
½ Bund Petersilie
4 Stücke Alufolie (ca. 30 x 40 cm)

Für 4 Personen
1 Std. Marinieren | 45 Min. Zubereitung
Pro Portion ca. 115 kcal, 6 g EW, 4 g F, 13 g KH

1 Die Kichererbsen in einem Sieb abtropfen lassen. Die Tomate kreuzweise einschneiden, kurz überbrühen, häuten, vom Stielansatz befreien und würfeln. Die Paprikaschote halbieren, putzen, waschen und in Rauten schneiden. Sellerie waschen, putzen und schräg in schmale Stücke schneiden. Das Gemüse mit den Kichererbsen mischen. Den Zitronensaft mit Öl, Paprikapulver, Salz und Pfeffer verrühren und unter das Gemüse mischen. Das Gemüse ca. 1 Std. zugedeckt marinieren.

2 Den Backofen auf 200° (Umluft 180°) vorheizen. Die Folienstücke auslegen. Die Gemüsemischung mit der Marinade mittig darauf verteilen. Die Folien über dem Gemüse zu Päckchen falten und gut verschließen. Die Päckchen auf ein Backblech setzen und im Ofen (Mitte) ca. 10 Min. garen.

3 Die geschlossenen Päckchen vor dem Servieren ca. 5 Min. ruhen lassen. Inzwischen die Petersilie waschen, trocken schütteln und die Blättchen fein hacken. Die Päckchen öffnen, mit der Petersilie bestreuen und servieren.

UND DAZU?

Sie können dieses Gericht zusammen mit Reis als vegetarisches Hauptgericht servieren.
Darf es auch mal Fleisch sein? Dann reichen Sie dieses würzige Gemüse als Beilage zu einem saftigen Steak oder scharf angebratener und gewürzter (z. B. mit Cayennepfeffer und Paprika) Hähnchenbrust.

VARIANTE – MIT WURST

Für eine nicht vegetarische Version können Sie zusätzlich zu den oben aufgeführten Zutaten noch 1 Paar Debreziner Würstchen in ca. 1 cm dicke Scheiben schneiden und zur Gemüsemischung geben. Wer mag, verteilt noch 4 grob zerkleinerte Sardellenfilets auf dem Gemüse.

raffinierte Beilage

Vanille-Spargel

1 kg Spargel | 20 g Butter | 1 Vanilleschote | 2 EL Zitronensaft | 1 TL Zucker | Salz | Pfeffer | 1 Stück Bratschlauch (60 cm)

Für 4 Personen
20 Min. Zubereitung | 50 Min. Garen
Pro Portion ca. 75 kcal, 4 g EW, 5 g F, 5 g KH

1 Den Backofen auf 180° vorheizen. Den Spargel schälen und putzen. Die Butter zerlassen. Vanilleschote mit einem Messer aufschlitzen und das Mark herauskratzen. Mit Butter, Zitronensaft, Zucker, Salz und Pfeffer mischen. Den Bratschlauch auslegen (Nahtstelle oben), eine Seite mit dem beiliegenden Verschluss verschließen und den Spargel darin verteilen. Die Zitronenbutter daraufgießen.

2 Den Schlauch auf der zweiten Seite fest verschließen und oben ein kleines Loch einschneiden. Auf ein Backblech setzen und im Ofen (Mitte, Umluft 160°) 45–50 Min. (je nach Dicke der Spargel) garen. Vor dem Öffnen kurz ruhen lassen.

mediterran

Zucchini-Peperonata

2 Zucchini | je 1 rote und 1 gelbe Paprikaschote | 2 Knoblauchzehen | 2 EL Kapern | 1 EL Olivenöl | 1 TL frischer Thymian | Salz | Pfeffer | 2 EL Aceto balsamico | 4 Papierstücke (s. Seite 4)

Für 4 Personen | 30 Min. Zubereitung
Pro Portion ca. 60 kcal, 2 g EW, 3 g F, 5 g KH

1 Den Backofen auf 200° (Umluft 180°) vorheizen. Zucchini und Paprika putzen, waschen und grob schneiden. Knoblauch schälen und fein schneiden. Gemüse mit Knoblauch, Kapern, Öl und Thymian mischen und kräftig mit Salz und Pfeffer würzen.

2 Die Papierstücke auslegen. Das Gemüse darauf verteilen. Das Papier zu Päckchen oder Bonbons verschließen. Die Päckchen auf einem Backblech im Ofen (Mitte) 12–15 Min. garen. Auf Teller verteilen, öffnen und mit dem Balsamico beträufeln.

klassisch

Möhren und Erbsen in Sahnesauce

3 Möhren | ½ Bund Petersilie | 250 g Erbsen (frisch gepalt oder TK) | Salz | Pfeffer | 4 EL Sahne | 4 Stücke Alufolie (ca. 30 x 40 cm)

Für 4 Personen
25 Min. Zubereitung
Pro Portion ca. 100 kcal, 5 g EW, 4 g F, 11 g KH

1 Den Backofen auf 180° (Umluft 160°) vorheizen. Die Möhren schälen und in feine Scheiben schneiden oder hobeln. Die Petersilie waschen und trocken schütteln. Die Blättchen abzupfen und fein hacken. Erbsen, Möhren und Petersilie mischen, mit Salz und Pfeffer würzen.

2 Die Folien auslegen. Das Gemüse mittig darauf verteilen und jeweils mit 1 EL Sahne beträufeln. Die Folienecken über dem Gemüse zusammenführen und zudrehen. Die Säckchen auf ein Backblech setzen und im Ofen (Mitte) ca. 15 Min. garen.

herbstlich würzig

Kürbispäckchen

400 g Kürbisfleisch (z. B. Hokkaido) | 150 g Champignons | 2 Schalotten | 50 g getrocknete, in Öl eingelegte Tomaten | 1 EL Zucker | Salz | Pfeffer | 2 Packungen Blätterteig (à 275 g; Kühlregal) | 1 Eigelb

Für 4 Personen
25 Min. Zubereitung | 25 Min. Garen
Pro Portion ca. 675 kcal, 11 g EW, 46 g F, 55 g KH

1 Backofen auf 200° vorheizen. Kürbis würfeln. Pilze putzen, vierteln. Schalotten schälen, hacken. Tomaten hacken. 1 EL Tomatenöl erhitzen, Kürbis darin in 4 Min. glasig braten. Pilze und Schalotten 2 Min. mitbraten. Zucker überstreuen, alles karamellisieren. Mit Tomaten, Salz und Pfeffer mischen.

2 Teigplatten halbieren, Kürbis darauf verteilen. Teig darüberschlagen, festdrücken. Päckchen auf Backpapier auf ein Blech legen. Eigelb mit 1 EL Wasser verquirlen; Päckchen damit bestreichen. Im Ofen (Mitte, Umluft 180°) in 20–25 Min. backen.

schmeckt auch mit Tomaten

Gefüllte Zucchini

120 ml Gemüsebrühe
100 g Instant-Couscous
4 mittelgroße Kugelzucchini (Rondini; s. Tipp)
30 g schwarze Oliven ohne Stein
1 Zweig Rosmarin
150 g Ricotta | Salz | Pfeffer
4 Papierstücke (s. Seite 4)
Olivenöl fürs Papier und zum Beträufeln
Küchengarn

Für 4 Personen
20 Min. Zubereitung | 30 Min. Garen
Pro Portion ca. 215 kcal, 9 g EW, 10 g F, 22 g KH

1 Den Backofen auf 180° vorheizen. Die Gemüsebrühe aufkochen und über den Couscous gießen, ca. 5 Min. quellen lassen. Die Zucchini waschen und einen kleinen Deckel abschneiden. Das Fruchtfleisch mit einem Löffel herausschaben und klein würfeln. Oliven und Rosmarinnadeln fein hacken.

2 Die Papiere auslegen, leicht fetten und die Zucchini mittig daraufsetzen. Für die Füllung Couscous mit Zucchinifleisch, Oliven, Rosmarin, Ricotta, Salz und Pfeffer mischen und in die Zucchini füllen. Mit wenig Olivenöl beträufeln. Die Papierecken oben zu einem Säckchen zudrehen und mit Küchengarn fest verschließen. Auf ein Backblech setzen und im Ofen (Mitte, Umluft 160°) ca. 30 Min. garen.

TIPP

Wer keine Rondini bekommt, nimmt 4 schmale längliche Zucchini: Diese halbieren, aushöhlen und füllen. Je 2 Hälften auf Papier legen, das Papier zu Päckchen verschließen. Die Päckchen wie beschrieben garen.

macht was her

Kartoffelpäckchen

700 g festkochende Kartoffeln
100 g getrocknete, in Öl eingelegte Tomaten
2 rote Zwiebeln
2 Stängel Basilikum | 1 Zweig Thymian
4 Eier (Größe M) | 2 EL Sahne | Salz
6 EL frisch geriebener Parmesan
1 Bund Rucola
8 Papierstücke (s. Seite 4) | Küchengarn

Für 4 Personen
15 Min. Zubereitung | 30 Min. Garen
Pro Portion ca. 340 kcal, 13 g EW, 22 g F, 23 g KH

1 Den Backofen auf 180° vorheizen. Die Kartoffeln schälen und sehr fein in eine Schüssel hobeln. Die Tomaten abtropfen lassen und in Streifen schneiden. Die Zwiebeln schälen und in feine Spalten schneiden. Die Kräuter waschen, trocken schütteln und die Blättchen abzupfen. Das Basilikum in feine Streifen schneiden und alle vorbereiteten Zutaten mit den Kartoffeln mischen.

2 Je 2 Papierstücke übereinanderlegen. Die Eier mit Sahne und 1 TL Salz verquirlen, den Parmesan unterrühren. Die Eiermischung über die Kartoffeln gießen, gut mischen und die Kartoffeln auf den Papieren verteilen. Die Papiere an den Ecken nach oben über den Kartoffeln zusammenführen und mit Küchengarn fest zubinden. Die Papierspitzen, falls nötig, kürzen. Die Päckchen auf einem Backblech im Ofen (Mitte, Umluft 160°) ca. 30 Min. backen.

3 Den Rucola verlesen, waschen, trocken schütteln, grob hacken und nach dem Öffnen über den Päckchen verteilen.

oben: Gefüllte Zucchini | unten: Kartoffelpäckchen

Fruchtiges & Süßes

Lust auf Süßes? Dann hüllen Sie doch mal frische Früchte, Nüsse & Co. in Teig, Papier, Bananenblatt oder Folie ein. Kurz in den Ofen schieben, die Päckchen öffnen, und schon steht ein verlockend duftendes Dessert auf dem Tisch. Unter dieser essbaren Teighülle beispielsweise verstecken sich mit Marzipan gefüllte saftige Pfirsiche.

Pfirsich im Schlafrock

2 EL Pinienkerne
3 Pfirsiche
50 g Marzipanrohmasse
1 EL Aprikosenkonfitüre
1 Packung rechteckiger Blätterteig (275 g; Kühlregal)

Für 6 Personen | 25 Min. Zubereitung
Pro Person ca. 255 kcal, 4 g EW, 15 g F, 28 g KH

1 Den Backofen auf 200° (Umluft 180°) vorheizen und ein Backblech mit Backpapier belegen. Die Pinienkerne fein hacken. Die Pfirsiche waschen, halbieren und die Steine entfernen. Das Marzipan mit einer Gabel mit den Pinienkernen und der Konfitüre verkneten. Den Blätterteig entrollen und in sechs gleich große Stücke schneiden.

2 Je 1 Pfirsichhälfte mit einem Sechstel der Marzipanmasse füllen und mit der Öffnung nach unten auf die Teigstücke legen. Die Teigecken über dem Obst zusammenführen und zu einem Säckchen zudrehen. Die Päckchen auf das Backblech legen und im Ofen (Mitte) in ca. 15 Min. goldbraun backen.

AROMA-TIPP

Wer gerne experimentiert, kann als Füllung für die Pfirsiche auch eine besonders aromatische Masse aus etwas fein gehacktem Basilikum oder Minze, 1 TL frisch geriebenem Ingwer, 2 EL zerbröselten Amarettini und 1 EL Marzipanrohmasse zubereiten.

braucht etwas Zeit

Gedämpfter Kokoskuchen

75 g Palmzucker (ersatzweise brauner Zucker)
80 g weiche Butter | 1 Ei (Größe M)
60 g Mehl | 3 EL Kokosflocken
100 ml Kokosmilch
1 Bananenblatt | Zahnstocher

Für 4 Stück | 20 Min. für die Schachteln
15 Min. Zubereitung | 30 Min. Dämpfen
Pro Stück ca. 325 kcal, 4 g EW, 19 g F, 35 g KH

1 Das Bananenblatt feucht abwischen und vier Kreise mit je 18 cm Ø ausschneiden. Vom Rand zur Mitte hin jeden Kreis viermal etwa 5 cm tief einschneiden. Die Kanten anheben, übereinanderlegen und mit Zahnstochern verschließen. Die Bananenblattschalen in einen Dämpfeinsatz oder auf einen großen Teller setzen.

2 Den Palmzucker in einem Mörser fein zerstoßen. Die Butter mit Zucker und Ei cremig rühren. Das Mehl mit den Kokosflocken mischen und abwechselnd mit der Kokosmilch unter die Butter rühren.

3 In den Wok oder einen breiten Topf eine Tasse stellen. 3–4 cm hoch Wasser in den Wok oder den Topf füllen und erhitzen. Die Schalen mit dem Teig füllen, den Einsatz oder Teller auf die Tasse setzen und die Kokosküchlein zugedeckt über dem heißen Dampf ca. 30 Min. garen.

TIPP

Die Kuchen gelingen auch in Schächtelchen aus Backpapier (s. Seite 7). Dafür 4 quadratische Stücke Backpapier (ca. 24 x 24 cm) verwenden.

auch gut mit Rhabarber

Apfel-Ingwer-Crumble

3 Äpfel
4 Ingwerpflaumen (s. Tipp)
6–8 EL Mandelblättchen
4 Haferflockenkekse (ersatzweise Butterkekse)
1 EL Butter
4 Papierstücke (s. Seite 4)
Küchengarn

Für 4 Personen | 30 Min. Zubereitung
Pro Portion ca. 270 kcal, 7 g EW, 14 g F, 31 g KH

1 Den Backofen auf 180° (Umluft 160°) vorheizen und die Papierstücke auf der Arbeitsfläche auslegen. Die Äpfel schälen und sehr fein in eine Schüssel raspeln. Die Ingwerpflaumen fein hacken, mit den Mandelblättchen zu den Äpfeln geben und alles mischen. Die Kekse grob zerkrümeln.

2 Die Apfelmischung mittig auf die Papiere verteilen, mit den Kekskrümeln bestreuen und mit der Butter in Flöckchen belegen. Das Papier an den Ecken über den Äpfeln zusammenführen und mit Küchengarn fest zubinden. Die Papierspitzen, falls nötig, kürzen. Die Päckchen auf ein Backblech setzen und im Ofen (Mitte) 12–15 Min. backen.

TIPP – INGWERPFLAUMEN

Das sind in Sirup eingelegte Ingwerstücke. Man erhält sie im Asienladen.

oben: Gedämpfter Kokoskuchen | unten: Apfel-Ingwer-Crumble

fruchtig sommerlich

Beerentraum mit Schokosahne

Wählen Sie für dieses leichte und fruchtige Dessert nach Lust und Laune aus dem breiten Angebot an Beerenfrüchten.

500 g Beeren (eine Sorte oder gemischt) | 1 Vanilleschote | 1 EL Orangensaft | ca. 10 g gekühlte weiße Schokolade | 100 g Sahne | 3 EL Crème fraîche | 2 EL Puderzucker | 4 Papierstücke (s. Seite 4) | Küchengarn

Für 4 Personen | 20 Min. Zubereitung
Pro Portion ca. 220 kcal, 2 g EW, 15 g F, 22 g KH

1 Den Backofen auf 180° (Umluft 160°) vorheizen und die Papierstücke auslegen. Die Beeren verlesen und gegebenenfalls waschen und putzen. Die Vanilleschote mit einem Messer längs aufschlitzen und das Mark mit der Messerspitze herauskratzen. In einer Schüssel das Mark vorsichtig mit Beeren und Orangensaft mischen.

2 Die Beeren mitsamt der Marinade mittig auf den Papierstücken verteilen. Die Papierecken nach oben zusammenführen und über den Beeren mit Küchengarn fest zubinden. Die Papierspitzen so weit abschneiden, dass sie im Backofen nicht oben anstoßen. Die Päckchen auf ein Backblech setzen und im Ofen (Mitte) ca. 10 Min. garen.

3 Inzwischen für die Sahne die Schokolade fein raspeln. Die Sahne halbsteif schlagen, die Crème fraîche und den Puderzucker unterrühren und die weiße Schokolade unterheben. Die Schokosahne zu der lauwarmen Beerenmischung servieren.

TIPP

TK-Beeren sind für dieses Dessert nicht gut geeignet, weil sie sehr viel Flüssigkeit abgeben.

UND DAZU?

Servieren Sie zu diesem Nachtisch ein Glas fein-perlenden Prosecco – ein Traum von einem Dessert!

wärmend

Lauwarmer Orangensalat

2 Bio-Orangen | 1 EL Grenadine-Sirup | ½ Granatapfel | 1–2 EL Grand Marnier (ersatzweise Orangensaft) | 1 Bananenblatt

Für 4 Personen
2 Std. Marinieren | 25 Min. Zubereitung
Pro Portion ca. 55 kcal, 1 g EW, 0 g F, 12 g KH

1 Orangen heiß waschen, trocknen. Von 1 Orange die Schale in dünnen Streifen abschneiden. Beide Orangen mit der weißen Haut schälen. Filets zwischen den Trennhäuten auslösen, Saft auffangen. Alles mit Grenadine mischen, 2 Std. marinieren.

2 Backofen auf 200° (Umluft 180°) vorheizen. Aus dem Granatapfel die Kerne lösen. Bananenblatt feucht abwischen und vier Stücke (je ca. 25 x 40 cm) ausschneiden. Orangenfilets mit Marinade daraufsetzen, Granatapfelkerne überstreuen. Päckchen schließen (s. Seite 6) und auf einem Backblech im Ofen (Mitte) 8–10 Min. garen. Vor dem Servieren mit Grand Marnier beträufeln.

herbstlich

Weißwein-Birnen mit Walnusscreme

3 Birnen | 2 EL Weißwein | 1 EL Zucker | 4 EL Walnusskerne | 100 g Schmand | 1 TL Ahornsirup | 4 Stück Alufolie (ca. 30 x 40 cm)

Für 4 Personen
2 Std. Marinieren | 25 Min. Zubereitung
Pro Portion ca. 185 kcal, 2 g EW, 12 g F, 15 g KH

1 Die Birnen schälen, halbieren, entkernen und in Spalten schneiden. Mit Wein und Zucker mischen und ca. 2 Std. marinieren.

2 Den Backofen auf 200° (Umluft 180°) vorheizen und die Folien auslegen. Die Birnenspalten mit der Marinade darauf verteilen und die Folien über dem Obst gut verschließen. Die Päckchen auf ein Backblech geben und im Ofen (Mitte) ca. 15 Min. garen.

3 Inzwischen die Walnüsse fein hacken und mit Schmand und Ahornsirup mischen. Zu den lauwarmen Birnen servieren.

am besten mit Umluft

Nusstäschchen

120 g Mehl
120 g Quark
140 g kalte Butter
2 EL gehackte Haselnüsse
20 g gemahlene Mandeln
1 TL Zucker
¼ TL Zimtpulver
1 Eigelb

Für ca. 20 Stück
2 Std. Ruhen | 30 Min. Zubereitung
Pro Stück ca. 100 kcal, 2 g EW, 8 g F, 5 g KH

1 Aus Mehl, Quark und 120 g Butter in Stücken rasch einen glatten Teig kneten, in Frischhaltefolie wickeln und ca. 2 Std. ruhen lassen. Für die Füllung die restliche Butter zerlassen, Nüsse, Mandeln, Zucker und Zimt untermischen.

2 Den Backofen auf 180° (Umluft) vorheizen und zwei Backbleche mit Backpapier belegen. Den Teig ausrollen und in Quadrate (6 x 6 cm) schneiden. Je 1 TL Nussfüllung mittig auf ein Quadrat setzen und den Teig darüberklappen, sodass Dreiecke entstehen. Die Ränder mit einer Gabel festdrücken und die Täschchen auf die Bleche legen. Das Eigelb mit 1 TL Wasser verquirlen. Die Täschchen damit bestreichen und im Ofen (unten und Mitte) in 10–12 Min. goldbraun backen.

VARIANTE – QUARKFÜLLUNG

Aus 4 EL Quark, 1 TL Zucker und etwas abgeriebener Schale von 1 Bio-Orange eine Füllung mischen, die Täschchen wie oben beschrieben füllen und backen.

klassisch inspiriert

Mangorollen mit Frischkäse

½ Mango | 300 g Frischkäse
150 ml Milch | 1 Eigelb
1 Stängel Minze
2 EL Pistazienkerne
1 TL frisch abgeriebene Schale von 1 Bio-Limette
8 Pfannkuchen (Kühlregal oder selbst gebacken, s. S. 18)
1 EL Puderzucker
Fett für die Form

Für 4 Personen
20 Min. Zubereitung | 20 Min. Garen
Pro Portion ca. 300 kcal, 17 g EW, 15 g F, 25 g KH

1 Den Backofen auf 200° vorheizen und eine Auflaufform (ca. 20 x 35 cm) fetten. Die Mango schälen und das Fruchtfleisch in kleine Würfel schneiden. Frischkäse mit 50 ml Milch und Eigelb glatt rühren. Die Minze waschen, trocken schütteln und die Blättchen hacken. Die Pistazienkerne fein hacken. Mit Mangowürfeln, Limettenschale und Minze unter die Frischkäsemasse rühren.

2 Die Mangofüllung auf die Pfannkuchen streichen und diese einrollen. Die gefüllten Pfannkuchen in die Form schichten und mit der restlichen Milch begießen. Den Puderzucker durch ein Sieb darüberstäuben und die Mangorollen im Ofen (Mitte, Umluft 180°) in ca. 20 Min. goldbraun backen.

TIPP

Auch mit frischen Beeren (ca. 250 g) lassen sich diese gebackenen Pfannkuchen-Täschchen füllen.

links: Mangorollen mit Frischkäse | rechts: Nusstäschchen

Zum Gebrauch
Damit Sie Rezepte mit bestimmten Zutaten noch schneller finden können, stehen in diesem Register zusätzlich auch beliebte Zutaten wie **Erbsen** und **Rindfleisch** – ebenfalls alphabetisch geordnet und **hervorgehoben** – über den entsprechenden Rezepten.

Unsere Garantie

Alle Informationen in diesem Ratgeber sind sorgfältig und gewissenhaft geprüft. Sollte dennoch einmal ein Fehler enthalten sein, schicken Sie uns das Buch mit dem entsprechenden Hinweis an unseren Leserservice zurück. Wir tauschen Ihnen den GU-Ratgeber gegen einen anderen zum gleichen oder ähnlichen Thema um.

Liebe Leserin und lieber Leser,

wir freuen uns, dass Sie sich für ein GU-Buch entschieden haben. Mit Ihrem Kauf setzen Sie auf die Qualität, Kompetenz und Aktualität unserer Ratgeber. Dafür sagen wir Danke! Wir wollen als führender Ratgeberverlag noch besser werden. Daher ist uns Ihre Meinung wichtig. Bitte senden Sie uns Ihre Anregungen, Ihre Kritik oder Ihr Lob zu unseren Büchern. Haben Sie Fragen oder benötigen Sie weiteren Rat zum Thema? Wir freuen uns auf Ihre Nachricht!

Wir sind für Sie da!
Montag–Donnerstag: 8.00–18.00 Uhr;
Freitag: 8.00–16.00 Uhr
Tel.: 0180-5 00 50 54*
Fax: 0180-5 01 20 54*
E-Mail:
leserservice@graefe-und-unzer.de

*(0,14 €/Min. aus dem dt. Festnetz/ Mobilfunkpreise maximal 0,42 €/Min.)

P.S.: Wollen Sie noch mehr Aktuelles von GU wissen, dann abonnieren Sie doch unseren kostenlosen GU-Online-Newsletter und/oder unsere kostenlosen Kundenmagazine.

GRÄFE UND UNZER VERLAG
Leserservice
Postfach 86 03 13
81630 München

Projektleitung: Viktoria Hübner
Lektorat: Adelheid Schmidt-Thomé
Korrektorat: Susanne Elbert
Layout, Typografie und Umschlaggestaltung: independent Medien-Design, Horst Moser, München
Satz: Liebl Satz+Grafik, Emmering
Herstellung: Sigrid Frank
Reproduktion: Repro Ludwig, Zell am See
Druck: Firmengruppe APPL, aprinta druck, Wemding
Bindung: Firmengruppe APPL, sellier druck, Freising

Syndication:
www.jalag-syndication.de

ISBN 978-3-8338-2725-9

1. Auflage 2012

Umwelthinweis
Dieses Buch ist auf PEFC-zertifiziertem Papier aus nachhaltiger Waldwirtschaft gedruckt.

GRÄFE UND UNZER

Ein Unternehmen der
GANSKE VERLAGSGRUPPE

Die Autorin

Dagmar Reichel lernte das Büchermachen im Gräfe und Unzer Verlag. Mittlerweile arbeitet die Diplom-Oecotrophologin als freie Autorin, Lektorin und Foodstylistin in den Bereichen Ernährung, Genuss und Gesundheit. Sie liebt es, immer wieder neue Rezepte zu kreieren und verwöhnt nicht nur die Familie, sondern auch gerne Gäste mit kulinarischen Köstlichkeiten. Nun kommen ihre leckeren Ideen als raffinierte Päckchen auf den Tisch.

Der Fotograf

Jörn Rynio zählt zu seinen Auftraggebern internationale Zeitschriften, namhafte Buchverlage und Werbeagenturen. Mit einer großen Portion Kreativität und appetitanregendem Styling setzt der Hamburger Fotograf Food-Spezialitäten aus aller Welt stimmungsvoll in Szene. Tatkräftig unterstützt wird er dabei von seinen Stylistinnen Petra Speckmann, Antje Küthe (beide Food) und Michaela Suchy (Requisite).

Bildnachweis

Titelfoto: EISING STUDIO · Food Photo & Video/Martina Görlach; alle anderen: Jörn Rynio, Hamburg

Titelbildrezept

Lachsfilet im Zucchinimantel (S. 21)

Die Temperaturangaben bei Gasherden variieren von Hersteller zu Hersteller. Welche Stufe Ihres Herdes der jeweils angegebenen Temperatur entspricht, entnehmen Sie bitte der Gebrauchsanweisung. Bei Elektroherden können die Backzeiten je nach Herd variieren.

Appetit auf mehr?

ISBN 978-3-8338-0996-5

ISBN 978-3-8338-2392-3

ISBN 978-3-8338-0314-7

ISBN 978-3-8338-2256-8

ISBN 978-3-8338-0326-0

ISBN 978-3-8338-2259-9

www.gu.de: Blättern Sie in unseren Büchern, entdecken Sie wertvolle Hintergrundinformationen sowie unsere Neuerscheinungen.

Willkommen im Leben.

Einfach hübsch **gestylt**

Überraschung Das Thema »verpackt und eingewickelt« kann man auch für die Tischdekoration aufnehmen. Setzen Sie beispielsweise kleine Gläser mit Teelichtern in Tüten aus Butterbrotpapier oder anderem attraktiven und leicht lichtdurchlässigen Material wie dünnem Organzastoff. Besonders hübsch sieht es aus, wenn Sie noch passend zur Saison oder zum Motto Sprüche oder Motive auf die Tüten schreiben, drucken oder malen.

Blumendeko darf natürlich auf keiner Tafel fehlen. Umwickeln Sie kleine Vasen oder leere Glasflaschen mit bunten Bändern, farblich passend zu den Blumen und der übrigen Tischdekoration. Oder bekleben Sie die Gefäße mit Motiven oder mit Deko-Klebeband aus japanischem Reispapier. Bei Internetversendern und im Bastelgeschäft gibt es beides in großer Auswahl.

Give-away Wer seinen Gästen noch etwas Kleines als Erinnerung mitgeben möchte, kann – eventuell passend zum Menümotto – ein paar (selbst gemachte) Pralinen, Würz-Nüsse oder Kekse in einen Klarsichtbeutel geben und diesen nett verzieren. Sagen Sie damit Ihren Gästen beispielsweise »Danke für den schönen Abend« oder »Guten Heimweg!«.